## PUBLISHED IN 2018
## BY
## KIMI KANE

ISBN: 978-1731522177

PRINTED IN UNITED STATES

# THIS BOOK BELONGS TO

-------------------------------

-------------------------------

-------------------------------

Matt Smith is an Adidas All-American and former professional soccer player.

Let This All-American, Former Pro Soccer Player Show YOU Exactly How To Drastically Improve Your Touch, Shooting, Dribbling, Moves, And Gain Masterful Soccer Skills

Type this on your browser:
http://rcl.ink/pJy

# FORMER PLAYER
## (1892-1899)

**MALCOLM MCVEAN**
**JOHN MCCARTNEY**
**HARRY STORER**
**ARCHIE GOLDIE**
**MATT MCQUEEN**
**BILLY DUNLOP**
**JOE MCQUE**
**HARRY BRADSHAW**

```
X A D X D C Z B F L S R J U K N C Z J B
M M A Y P J U I U B H V U L L O V Q B S
E C M W R D O S Z F A K P Y R H O K R N
X O G A V W H T J Q R W A Y B W O M I A
S Z T Q T X U U T Z R X P C T G B A W R
V I Y I I T C N M Y Y I K V U Y V L L C
Q H U Q A D M B R J S D R B J G O C P H
E T M D N A J C H H T T B B Q C H O Z I
C S P C M F F O Q X O E Q T G I J L M E
P M I R N U U J B U R L X E T D A M X G
R R I A B X D R B O E F I A R K G M V O
T D O Z J T O Y I R R E R L U H F C O L
E L K F I K C U B N T Q N J O C P V C D
D J O H N M C C A R T N E Y Z K D E O I
Q G A T O M C P B K Z U J H S N R A I E
M H J H A R R Y B R A D S H A W Z N A V
Q D T M Q V X I W J Q W B V C I U S F Q
C V M R L E Y C V A N J P B O W D E A J
M O R I K O C H U Z N J O E M C Q U E S
T B P Z B I L L Y D U N L O P A Z I X Z
```

# FORMER PLAYER
## (1899-1910)

**ROBBIE ROBINSON**
**JACK COX**
**ALEX RAISBECK**
**ALF WEST**
**JOE HEWITT**
**ARTHUR GODDARD**
**TOM ROBERTSON**
**JOHN WALKER**
**JACK PARKINSON**
**SAM RAYBOULD**
**WILLIAM GOLDIE**
**MAURICE PARRY**
**BILL PERKINS**

| | | | | | | | | | | | | | | | | | | | |
|---|---|---|---|---|---|---|---|---|---|---|---|---|---|---|---|---|---|---|---|
| V | S | F | T | J | O | H | N | W | A | L | K | E | R | R | V | V | B | R | P |
| M | V | F | Z | P | D | C | H | H | R | J | W | A | U | O | F | I | W | Z | E |
| E | N | H | T | P | I | T | Q | S | T | D | X | B | Q | B | O | H | I | B | R |
| Y | F | I | C | O | S | R | V | X | H | E | V | Z | R | B | T | B | L | A | A |
| T | B | R | S | H | M | Q | X | P | F | W | J | N | E | I | J | B | L | I | R |
| I | L | E | I | S | U | R | Z | B | R | L | I | D | X | E | E | B | I | Q | T |
| S | A | M | R | A | Y | B | O | U | L | D | B | U | S | R | E | I | A | T | H |
| X | Y | I | P | E | S | X | A | B | W | L | U | V | O | O | N | M | M | D | U |
| Y | R | R | E | U | E | K | D | N | E | Q | Q | F | L | B | P | J | G | C | R |
| B | I | O | T | R | O | C | H | E | O | R | Q | L | U | I | J | R | O | R | G |
| O | T | V | R | L | P | K | I | J | U | X | T | W | W | N | J | E | L | U | O |
| R | Q | T | V | Z | Z | P | I | K | O | L | D | S | F | S | A | T | D | O | D |
| M | V | O | I | K | F | M | T | R | X | K | U | I | O | O | C | J | I | O | D |
| Q | J | V | T | R | H | T | D | X | U | A | N | V | H | N | K | E | E | R | A |
| E | Q | G | B | D | M | R | R | M | B | W | U | K | B | H | C | K | D | D | R |
| D | K | R | G | T | E | G | O | M | F | Y | A | K | F | R | O | Q | M | C | D |
| M | A | L | E | X | R | A | I | S | B | E | C | K | U | O | X | O | M | S | Q |
| E | U | A | P | J | S | R | X | N | J | S | C | N | W | J | W | Q | W | D | U |
| X | J | Q | M | A | U | R | I | C | E | P | A | R | R | Y | G | F | K | S | A |
| H | I | J | A | C | K | P | A | R | K | I | N | S | O | N | S | Q | U | C | I |

# FORMER PLAYER
## (1910-1920)

EPHRAIM LONGWORTH
KEN CAMPBELL
ROBERT CRAWFORD
BILL LACEY
HARRY LOWE
BOB PURSELL
ELISHA SCOTT
DONALD MACKINLAY
JAMES HARROP
RONAL ORR
JAMES BRADLEY
TOM MILLER
TOM CHORLTON
SAM HARDY
ROBERT FERGUSON

```
S T N X H U F R V S Z Z D Z F E D J I G
A O T A B W D E N H Z G E R L P P R U E
M C J E M X B W A A I H Q B X H I O P W
H M U B W Y Z K Y U E J K P H R Y H X T
A L H S D Q Q Y C P Z H A K Q A V U J G
R H M X X M A G G F Q Q S I I I N T D T
D P I S E V Q Y Y V R N E D R M E G R N
Y L R U X E J A G C Y F V G V L F O B B
F H A R R Y L O W E F S P R R O S E O I
T E M J A M E S B R A D L E Y N E H B L
E H I K D R E W O Q B O B P P G Z F P L
I Y G X W M H Y T Z O F A S W W R Z U L
I B S E P G O B I T P X F E F O O I R A
O I R Z F Z U M G Y M J N Y T R N L S C
N V Z T O M C H O R L T O N K T A U E E
B P W G Z Z L I S W O D N C X H L X L Y
N O Q E S C F E V G Q F H N L H O V L D
B D C W C N U P M H J W O K G O R H D A
R O B E R T F E R G U S O N S G R E U J
O K E N C A M P B E L L M R H O K F I V
```

# FORMER PLAYER (1920-1940) #1

TOMMY LUCAS
FRED HOPKIN
DICK EDMED
TOM BROMILOW
HARRY CHAMBERS
JACKIE SHELDON
JAMES JACKSON
ARTHUR RILEY
JOCK MCNAB
DICK FORSHAW
WALTER WADSWORTH
GORDON HODGSON

C T E I N F G C Y T R G G O G X G L Z J
I G O O C O O Y T R X J A T Z F O I Q A
F O N M P S P B I P U X W P T D J J H C
E R J D M C Z X J E H H C D U U D R B K
E D J F W Y P T O X E O F I E J M R A I
B O B O N A L S G S Y R A C U N B P R E
W N Z P K K L U U J Q A Y K R R S R T S
W H U P A T Z T C S E I S E N N Y A H H
E O P L T O P G E A B M L D Z E V X U E
W D W J K W D N H R S O G M B C Y V R L
K G A Q J O U U P M W H T E U X Y S R D
T S Y E M S K X M Q N A H D W S N Y I O
D O T Y O I O Z I D C K D H I X W D L N
E N B I G I U X L G Y V Y S N D Z I E I
B O M R A N E Y T K A M E V W U J A Y G
V J A M E S J A C K S O N N U O Q P P O
F R E D H O P K I N Z Z Z F X E R R V Q
V D J O C K M C N A B O G C O L B T X G
D Q X L T A U P N I J A X T K Z J S H T
O D I C K F O R S H A W Z G H U E S C K

# FORMER PLAYER (1920-1940) #2

ARCHIE MCPHERSON
ROBERT SAVAGE
ROBERT DONE
WILLIE STEEL
TOM COOPER
ALF HANSON
TOM BRADSHAW
BERRY NIEUWENHUYS
HAROLD BARTON
DAVE WRIGHT
JIMMY MCDOUGALL
TOM MORRISON

```
P N R O B E R T S A V A G E B A R E B F
D D K L J A A W B V B B W B E E Q A A N
Q F S E P Q R B X N D N L H R F Z R G Q
P K I Z Z U O K J B A T E J R H U C O Q
M S A B E J C F G L D O T L Y W M H G T
F G Q C G W O N W Z M U H I N F B I X K
I G G F K I D V Z B W R C X I H B E J G
A Q L Z R L A F W Q R G G R E T A M C O
K R I Y N L Q L Y M O F M D U O K C L N
V O G Q F I Y F W W M O D L W M P P X D
Q B Z L Y E T X W F I G C L E B W H M A
Y E Z G W S S Z Q J N B K Q N R O E U L
P R S G Q T F I Q T H D H T H A J R R F
V T V G P E Y I R G V P O A U D B S M H
I D V I R E U Z C I S Z K Y S J O G A
U O X W Z L T Q T J W K Y J S H B N J N
Q N V E E V Z Q K Q Z T V P G A W C D S
R E Q Q K D A V E W R I G H T W N I P O
O G J D W W T O M M O R R I S O N E R N
Y H A R O L D B A R T O N G E J M G L M
```

# FORMER PLAYER
# (1940-1960)

LAURIE HUGHES
BILL JONES
KEVIN BARON
EDDIE SPICER
ALBER STUBBINS
JIM HARLEY
MATT BUSBY
BOB PAISLEY
JACK BALMER
PHIL TAYLOR
CYRIL SIDLOW
BILLY LIDEL
CYRIL DONE
BRIAN JACKSON
WILLIE FAGAN
JIMMY PAYNE
RAY LAMBERT

```
T X X D L X J I G T X E C E E T P Q W A
K I B I L L Y L I D E L Y D K R G K N L
Z B E U N J G A P B E T R D C Z R N X B
E I E K R Y C J N L K X I I Y D Q A V E
M W M A A E O R R Y T Z L E M O S B Z R
K E V I N B A R O N V M D S Q N C S I S
I O L W M U D Z Z R N H O P O O O H E T
W J P Z L K D S Q M D D N I D N I T C U
M K B Q R E I I U Y I P E C E W H X C B
B Y J V I W Q O H R I R A E S A X R E B
R X P F T X X G V L Y D L R V U P I K I
C Y O L A U R I E H U G H E S G L E I N
Q P N L P O B O B P A I S L E Y K Y S S
D Q G S E B W F A X M S X Y B F W T D
N W N N Y I F D Y F W S O Q X T Q P A I
Y E I M R A Y L A M B E R T P W I V S O
T E U S L W P N O H B Q J J E M I M L N
F B W Z Z A A Y Y C C L X K C G O Z M V
Q B N U W C P J A C K B A L M E R E L W
E G H M A T T B U S B Y R Q S I D Y X W
```

# FORMER PLAYER
# (1960-1970)

**JIMMY HARROWER**
**JOHN EVANS**
**JOHNNY WHEELER**
**LOUIS BIMPSON**
**TOMMY LAWRENCE**
**BERT SLATER**
**ROY SAUNDERS**
**JOHN MOLYNEUX**
**JIMMY MELIA**
**ALAN ACOURT**
**GERRY BYRNE**
**GEOFF TWENTYMAN**
**ROGER HUNT**
**TOMMY LEISHMAN**
**DICK WHITE**
**TOMMY YOUNGER**
**RONNIE MORAN**

```
X V T Q X M I T T V G G X N O S V M M M
Z J O F U H T K O B W E B N H X W P Z O
Q G M I H M K T M A R O S R V M T S X X
A L M W P G H E M X S F B L I B M U P Y
F I Y L M S J V Y X T F C L D M K U P N
O L L Y J Y R H L Y D T Z Z T J B R H W
X F A N Y S L O E E N W F T R O W O D Z
H B W T I K B L I O K E B A G H P N A E
X M R H C P G X S N B N Y F D N T N Y H
Q G E I Z M K Q H D V T P J Y N E I U J
I L N B Y Z A J M K R Y R K S Y P E C O
J J C D L G L X A Y H M C N A W A M A H
T Y E C Z O K O N S K A C D M H I O X N
U B V L N I H X S S T N N V H E R R T E
J F W Y N E R H A O B Q X P E Y A I V
J I M M Y H A R R O W E R T P L Q N L A
L O U I S B I M P S O N C J F E L H X N
D A L A N A C O U R T Z G J P R T X O S
F U M R O G E R H U N T V P B O E A U L
O Q A Q X T F Z J L H H K O Z S W T A Z
```

# FORMER PLAYER
# (1970-1980) #1

# IAN ST JOHN
# CHRIS LAWLER
# IAN CALLAGHAN
# WILLIE STEVENSON
# GEOFF STRONG
# RON YEATS
# PETER THOMPSON
# BOBBY GRAHAM
# TOMMY SMITH
# GORDON MILNE

```
G H H P U R I I R U C I J U Z Q N J M Z
D U H Z L C Q A K K S U W E Y D C W V T
N U P K V A T N P F A V G Y Y Z Q W A O
I M A Z K N R S G W N W R Z S S E I B M
Q A C C Z N G T S S T O M S R W S L O M
K E N F V N G J D W L V D Z O V P L Q Y
X W M C E C Y O K K C A K E N Q U I H S
U E C E A V I H M X P D X Y Y U X E O M
Q A Z F N L Z N Y E Z O D B E Y C S X I
C L D I W C L B H T A O Z S A J H T X T
Z D U X Q I Z A V W Y P E L T W R E T H
C E L J X F G F G C N Z B M S R I V V E
U X E Q U B G S F H M E T D E C S E Q H
Q K D Y O Q N N Z A A W T A A B L N D E
Z O T I L I O L R T A N M F I L A S Y G
G E O F F S T R O N G S E W N Q W O Q P
L Y G O R D O N M I L N E A E J L N E M
L B O B B Y G R A H A M M K F Y E I X N
K T M N J X N S M Z X X A X E L R O D W
B B T O O P E T E R T H O M P S O N L X
```

# FORMER PLAYER (1970-1980) #2

## EMLYN HUGHES
## ALEX LINDSAY
## PHIL BOERSMA
## STEVE HEIGHWAY
## BRIAN HALL
## RAY CLEMENCE
## LARRY LLOYD
## ALUN EVANS
## KEVIN KEEGAN
## PETER COMACK
## JOHN TOSHACK

```
C C I Q U G G L Z W E P L T V Q P O X G
H B T K E V I N K E E G A N W D S P P I
P E N W V F B T G P K V R W K G I X H R
N E M Q J O C J Q P I W R Q Q W H A I V
G V T A J T R Y M D P H Y I B S A S L S
W H J E F O S I N Z M Q L F G N Q D B T
E H L E R N H Q J Q Y A L X R H L H O E
D B J O L C A N Q I L U O K R M A M E V
I V I C D O O U T Y C J Y Y Y A N N R E
G W X C S Y L M M O G X D O C Y B J S H
Z H O W I F U Q A L S Y F I W I M L M E
P Q M D F J E M A C B H D Y O O R S A I
G R C P P A X B F J K Z A A D N Z C A G
B F R C U B U I A T Q V G C L F V Q K H
N X A G C J X T U F L W M B K I W Q I W
F E M L Y N H U G H E S U V A F A E Y A
E O P A X L A R A Y C L E M E N C E S Y
T G J M L Z X P M P Z I F B B D I G K B
E J J S P G G A L E X L I N D S A Y C E
A T Z I S B O V A A A L U N E V A N S U
```

# FORMER PLAYER
# (1980-1990)

## JOEY JONES
## SAMMY LEE
## DAVID JOHNSON
## GRAEME SOUNESS
## TERRY MCDEMOTT
## ALAN KENNEDY
## PHIL THOMPSON
## DAVID FAIRCLOUGH
## JIMMY CASE
## RAY KENNEDY
## PHIL NEAL

```
D A V I D F A I R C L O U G H X P V E Z
R T E Y P T Q K F A W P J Q W Q H U U K
J U E L W C E J Z H J X T O O Q I T A R
Z W Q C X G Y R M A E W O G R F L J L A
B N H W X N I R R J U S O M A P T O A Y
I L U X K D R T S Y B C Z H A A H E N K
C Y F D M M R B R L M P Y J G T O Y K E
X I E W M Z G O I L D C W O N K M J E N
R H F B C C Y O A I M M D C T F P O N N
V R Q G Z T S A M M Y L E E V V S N N E
S M W Z U P Y M W Y Q T C F M Q O E E D
F J M G S K E A O M Z H O H U O N S D Y
G R A E M E S O U N E S S U Z A T N Y I
R W W Z R V H J I S G U Z I J K X T N T
U A L A Y P X A X L Q J I A Q Y B K Y S
C C H O Z C S P U W S Q D Y H V Y E J X
Y P G V U X C J Z C U C G P W Z M M V N
A W J I M M Y C A S E S T K H Q V C B U
H W R P P R G G N O Q E G Y V G Z Z R N
P H I L N E A L K Z S C O S M R D U R G
```

# FORMER PLAYER (1990-2000) #1

IAN RUSH
JAN MOLBY
GARY GILLESPIE
STEVE NICOL
PAUL WALSH
BRUCE GROBBELAAR
RONNIE WHELAN
STEVE MCMAHON
STEVE STAUNTON
ALAN HANSEN
KENNY DALGLISH
JOHN WARK
GARY ABLETT
MARK LAWRENSON
CRAIGH JOHNSTON

```
K U O E X M X N O I B E D G U Q R S M P
K G A R Y A B I E T T D X Z R W M I A D
G A R Y G I L L E S P I E N X L U B R C
P B V D R S F Y E N K U U S U C J R K U
A G F U O C F J K K K M W X M R O O L W
U A L A N H A N S E N A L Q P A H G A H
L P P C F Z M U K H A H Q J E I N C W W
W D C G R C E S P E L R G B K G W F R V
A P M L W K F T P Q J O N I J H A V E W
L P J C O A M E P R S K P G M J R W N F
S Q K P X W S J V J W J F L L O K K S A
H I B W L A V V W L Q O U X K H Q F O C
Z P Z J O U W X J D M M D W G N L E N A
E G T A J R L C S H M U Y G I S D L Z A
I P B V N A Y X T T H M X B Y T O T R C
M J A N M O L B Y B O H H T C O H P D H
K L Y P G M B U O X M B S E F N J F L P
G A A J B U K I Q N Q U G L N L R G I M
S T E V E M C M A H O N B K W X Z A U V
Y I T U K E N N Y D A L G L I S H B U M
```

# FORMER PLAYER (1990-2000) #2

RAY HOUGHTON
JOHN ALDRIDGE
MARK WRIGHT
MICHAEL THOMAS
JAMIE REDKNAPP
DAVID BURROWS
STEVE MCMANAMAN
MARK WALTERS
ROB JONES
DAVID JAMES
BARRY VENISON
MIKE MARSH
STEVE HARKNESS
JOHN BARNES
DOMINIC MATTEO
PETER BEARDSLEY

P E T E R B E A R D S L E Y Q L K A R I
G M V K J Q L R I Q J X V U T F M W A I
I G C U Y S T D X U X V V J P E N N D F
J M B Q X K V H J B U R U T A X R X A M
K G D I R V W A C O E C V W A S O T V H
E L M Q I H O T E Z E P Y A F T B E I J
L S Q A J O H N B A R N E S Q E J N D O
S V M D I D A U U H Y X T V S V O E B D
S B B Z S W Q O C U D E U U C E N Z U M
D V E U E P U Z O I W T W W N M E K R A
Z M W J E O G R R A V K N S R C S O R R
Q U X E D T U E B F X B F Y Q M C K O K
Y D A V I D J A M E S U H Q V A B V W W
C E C R D O U Z K T I H M M R N B K S A
H F M X E R U H M G I Z K Q M A D K O L
S S H Y G G L M Q A O I M C Z M R Y D T
R Y Z F M I K E M A R S H C T A Y V C E
Z G W C Z Q T Q X F I E V I T N Y X O R
J O H N A L D R I D G E R M H U L E L S
B Y M I C H A E L T H O M A S I V K B X

# FORMER PLAYER (2000-2010) #1

SAMI HYYPIA
STIG INGE
PHIL BABB
ROBBIE FOWLER
VLADIMIR SMICER
JAMIE CARRAGHER
DIETMAR HAMARIN
STEPHANE HENCHOZ
MICHAEL OWEN
STEVEN GERRARD
NEIL RUDDOCK
DANNY MURPHY
PATRIK BERGER
JASON MCATEER

| | | | | | | | | | | | | | | | | | | |
|---|---|---|---|---|---|---|---|---|---|---|---|---|---|---|---|---|---|---|---|
| Z | N | F | J | G | W | F | C | Z | Z | S | H | O | B | D | X | H | D | Z | G |
| D | S | V | L | A | D | I | M | I | R | S | M | I | C | E | R | V | S | N | J |
| L | T | O | P | J | M | Z | V | L | M | D | Q | T | F | D | W | J | E | E | M |
| O | P | Y | C | S | P | I | I | P | A | O | F | S | V | H | C | Z | J | I | C |
| S | T | E | P | H | A | N | E | H | E | N | C | H | O | Z | Z | G | Q | L | O |
| M | A | L | Q | G | F | M | D | C | B | W | H | R | C | E | Z | V | W | R | D |
| N | A | A | A | W | S | B | U | G | A | R | E | W | Y | A | K | O | G | U | A |
| U | K | A | U | C | T | U | M | W | G | R | B | O | S | H | I | V | M | D | N |
| U | J | R | T | X | D | M | U | W | Q | G | R | L | T | A | H | W | C | D | N |
| U | Q | U | Z | H | P | O | Y | D | X | Q | F | A | I | Q | J | V | K | O | Y |
| L | M | G | B | A | O | S | O | D | T | W | Q | W | G | I | B | C | U | C | M |
| R | Q | Y | A | W | Z | A | D | O | M | Q | Y | Q | I | H | K | B | A | K | U |
| N | I | J | V | Z | N | G | E | N | B | Y | E | J | N | N | E | U | P | V | R |
| L | S | D | J | B | N | H | O | R | D | V | N | B | G | M | Q | R | Z | F | P |
| O | H | L | J | F | O | L | Q | I | A | V | X | D | E | G | W | D | H | Z | H |
| N | O | O | C | D | I | E | T | M | A | R | H | A | M | A | R | I | N | B | Y |
| E | X | R | W | K | N | H | F | E | J | R | I | T | R | C | R | S | L | P | J |
| E | R | O | B | B | I | E | F | O | W | L | E | R | P | S | W | F | X | Y | K |
| P | J | A | S | O | N | M | C | A | T | E | E | R | K | O | F | D | O | A | D |
| P | H | I | L | B | A | B | B | F | D | L | H | E | D | P | S | F | B | M | Z |

# FORMER PLAYER (2000-2010) #2

EMILE HESKEY
LUIS GARCIA
JERZY DUDEK
PETER CROUCH
STEVE FINNAN
JOHN AME RIISE
MILAN BAROS
DJIMI TRAORE
XABI ALONSO
SANDER WESTERVELD
YOSSI BENAYOUN
JAVIEW MASCHERANO
HARRY KEWELL
IGOR BISCAN

```
Y W R H K O R U R A J H P P R V S N S X
C H R A S T E V E F I N N A N K N T X B
B Y A Z W X A J E F P X O X V J M U U X
D E W O M O J S J F O J M A J W W H L S
J Y V Q R U G Q K Q E O P B W N Y F W T
I F I M P R K M I M L H I I B N B W A J
M D W Y C Y Z F Z B G N K A Q A Q L P Y
I B B J L P G K S F Z A P L N Q N A E O
T A G N Z H S I C K L M U O S W X F T S
R D P H O E T C F Q E E I N V G I W E S
A T E S W A M E B V O R S S Z K M F R I
O T G G A X K P N G D I X O V D W C C B
R R Z P R T Q D L S P I L T Y M P N R E
E N G Q C D O C L W C S R O Z F R R O N
X J L H A R R Y K E W E L L X K A Q U A
S U V H A L I U B W J F N U K N I D C Y
T C L V I V R B Q W K G G K Z X K J H O
Y S A N D E R W E S T E R V E L D I T U
Q F L N J E R Z Y D U D E K I V K Z X N
D J A V I E W M A S C H E R A N O R H Q
```

# FORMER PLAYER
# (2010-2018)

**PHILIPPE COUTINHO**
**EMRE CAN**
**LUIS SUAREZ**
**LUCAS LEIVA**
**FABIO AURELIO**
**DANIEL AGGER**
**JOE ALLEN**
**DIRK KUYT**
**MARTIN SKRTEL**
**PEPE REINA**
**RAHEEM STERLING**
**GLEN JOHNSON**
**RYAN BABEL**
**FERNANDO TORRES**

```
Z S B E V U V A D G U X K U L Z L U B I
M V S F S W X L T T S S C U T A U Z R F
H P D R I I Z D P S W R G T C I C E O A
R A H E E M S T E R L I N G S A A Z W B
W P L L U I S S U A R E Z P M L S C M I
A W V V C I P Q M T O A W Q E O L G L O
H A N L B F A C G D A C K R A I E L R A
D O P S J O S O S X X D J V D J I E M U
H R G R P A G W G O A U G R C K V N N R
P I Y H T E V X V K C Z K R F K A J R E
Y V W E C F P F K Z W V K Z K M O O F L
P H I L I P P E C O U T I N H O Q H K I
T J J Z M I C O R K E Z O R A X C N Z O
Y L T L R F G J P E W U I G D I V S W T
P P I S T Q L S P C I T G N Y F T O N K
F R Y A N B A B E L T N H X P V X N Z Q
Z C I U Z U V L C B S H A Y U D K P R S
Y D D R U K U P D A N I E L A G G E R O
E G U O F Y W V R E C O X U D K H I T F
K C F Y E C U D I R K K U Y T R H H W I
```

## FORMER CAPTAIN
## (1890-1930)

# JOHN MCCARTNEY
# DONALD MCKINLAY
# JIMMY ROSS
# ARTHUR GODDARD
# ANDREW HANNAH
# EPHRAIM
# LONGWORTH
# HARRY LOWE
# ALEX RAISBECK

```
E P D Z Q A R T H U R G O D D A R D D Q
Z C B Z Q B D B X E H Q A C M C M X O O
X Z U Z G H I H R M G V G R B M Y R N W
T M J I M M Y R O S S Q V Q J I U E A A
O S Y Z N B Q Q N K S U E J R P O Z L N
Y A O M F V P Q H F D J Q A V Y K D D D
K X W E E B B H T K L H W H K E U W M R
S F N T W C Y B G J S Z W N U A O E C E
H C F C T K I C O J F K L E K O N M K W
H Y O S O M P E M H T V W N D M P H I H
F U S C B N N U Q J E L C O N P Z A N A
X D X G A U X F Y F B P R F X Y G R L N
P X K A Y E C R P H Z P A U M W E R A N
Y C A L E X R A I S B E C K C J X Y Y A
P A Y A Y O V F K Y H P A M A E H L R H
F U M H P S F D J O L T M H B L Z O D W
R D M T O C A M I F U A D I O W J W Q G
A W U E Z L V R F M V S T R L C V E V C
K J O H N M C C A R T N E Y J J I J Q T
L E P H R A I M L O N G W O R T H F F E
```

# FORMER CAPTAIN
## (1930-1960)

**LAURIE HUGHES**
**BILL JONES**
**JOHNY WHEELER**
**MATT BUSBY**
**TOM COOPER**
**JACK BALMER**
**TOM BRADSHAW**
**PHIL TAYLOR**
**JAMES JACKSON**
**WILLIE FAGAN**
**BILLY LIDDELL**
**TOM MORRISON**

C D N X K X L E G X P P N C C E L Q D
M G N T O F B V Z T Q X W T Y U E A L G
K W D S O D Y G V X Y J K Q R W V U R W
Y L S A N M S M L R N E E K W I S R E L
J Q Z Q Z D C K X E K Y G C O L X I D X
T E J P A G H O F V S I N C I L D E H W
E O Q O B P A T O S G T K H E I S H D A
T G M G H T L Z Z P N Z J C J E P U M T
F Y K M H N M C G N E V A B M F Y G X O
D I V J O Q Y X M Y T R C Y T A P H K M
A G W J Y R W W M J T R K C Z G H E I B
J L G T Y T R G H B T I B Z V A I S O R
H M F T Q R D I X E C T A S P N L E Y A
D K H J K Z Z L S O E A L H Y W T P P D
R N E J N C B D G O S L M B E E A N V S
X S J T G U B Q Y E N C E N K V Y C G H
B I L L Y L I D D E L L R R C U L U N A
Y P Z E E E H D C P K R Q D B S O D P W
K B U P F E I Z J Q H Z C X W O R S S H
C J A M E S J A C K S O N H H G E F S C

# FORMER CAPTAIN
## (1960-1990)

**EMLYN HUGHES**
**PHIL NEAL**
**ALAN HANSEN**
**GRAEME SOUNESS**
**DICK WHITE**
**RONNIE WHELAN**
**RON YEAST**
**PHIL THOMPSON**
**TOMMY SMITH**
**RONNIE MORAN**

```
F E P L W D O N F C W R P A E P Q M C T
P G R O C D T A J K P V D K T H Y Z G Q
K R G E F N J X P H H D N N O I J A M U
T H E C R F O I O V I D G D M L V J B T
R H F H E U D K U H L K V F M N L O M M
U O T I U W E P W B T V D Q Y E X Q P G
K X N I J E H Y Y N H L C P S A Z J G R
N F Y N L M Q K J O T O S M L Z D D A
M Y G N I E N W P C M G K P I F F Z M E
H Z X E N E M Y P O P Z Y B T E F K N M
E R F G O R W L J B S K A G H Q Q D L E
H N I H Q H Y H Y K O B L N B P V G I S
E I Z P I W S O E N N Q W W D N I S Y O
A W P M I E S P C L H R J X L D F K Q U
K L D Y B W Y R G F A U K R Z E S X A N
K X N U X V J M S K Z N G R E B M H V E
H B D I C K W H I T E I Q H L C K N M S
G M T F C D L D Z D T V U M E P A U N S
X V I I R O N N I E M O R A N S P W U J
U A L A N H A N S E N R O N Y E A S T C
```

# FORMER CAPTAIN
## (1990-2018)

# PAUL INCE
# JOHN BARNES
# STEVE NICOL
# IAN RUSH
# JAMIE REDKNAPP
# MARK WRIGHT
# SAMI HYYPIA
# STEVEN GERRARD
# JORDAN HENDERSON

```
R U S V I P W J F G S Y T P F B T E T Z
N D T I A A J I F F P X D F P G A N W L
Q Y E Z N U A Y C X P P D I W B W A P J
P Q V N R L M F M J G Y Y J I O S K T O
N S E D U I I R L V O B K L V Q W H I H
Q C N H S N E L M P E B H J A X Z E K N
U D I C H C R E N X E W Q I P G F F O B
C H C T B E E I S W S A N B L I T Z K A
L F O S N Y D E N M H H B B T I W Y T R
L Y L W Q Z K Q X T U N V M H U Y Y S N
P S T E V E N G E R R A R D O T B Q A E
S T K R T V A X T Y L T I C Z W H E M S
T H A L Y P P P Z Y H E Z O Y M E Y I G
F D R V A D P K H O H B Q L V H J Q H K
E Q K O M K C T D G E V W P Z W M K Y E
C W N Y E O B L T A L J K A J D G Z Y Y
G C Q Y E M F M A R K W R I G H T X P P
N O L H U E X E Q W H E G E I Y W A I E
X C U C V W Q J V C Q S E A W T M J A F
J O R D A N H E N D E R S O N X S T F U
```

# FORMER MANAGER
## (1892-1985)

**WILLIAM EDWARD BARCLAY**
**GEORGE KAY**
**BILL SHANKLY**
**DAVIS ASHWORTH**
**DON WELSH**
**JOE FAGAN**
**KENNY DALGLISH**
**PHIL TAYLOR**
**TOM WATSON**
**JOHN MCKENNA**
**GEORGE PATTERSON**
**MATT MCQUEEN**

```
X R D A V I S A S H W O R T H Y X Q L U
X Y W T H A N Q K O B Y C F F M Q D V C
W M C D P O S I H B V P D T C R J M J T
K P H I L T A Y L O R V S L K L U A J O
Y W J V I T E C V Q S D H D E U V T A M
Q M P R N B Y D A G Y Z B Z N F F T A W
I W I H T R P F J C Q Y H L N F B M P A
Y R K D B Q L T E M V A D O Y D U C P T
C P L P X E P L W K B Q Z J D V J Q X S
E F R R E R W H Q H O C L I A T P U Q O
A T Q K R Q J O E F A G A N L P U E W N
K B M U A H S U D V R K W Q G N E E A M
U P J H Z T B I N L C Z D S L S R N H Z
N P A F I L T W R L R E M T I B W K E S
Q Z V D W M F G C W T V F O S Y S O M H
K A K U H T D O N W E L S H H D R F W Y
B G N O F A W V T M A O G W I H O O T X
W I L L I A M E D W A R D B A R C L A Y
Y B L S V N W B I L L S H A N K L Y A L
Z R H G E O R G E P A T T E R S O N H N
```

# FORMER MANAGER
## (1990-2018)

# JURGEN KLOPP
# GRAEME SOUNESS
# GERARD HOULIER
# KENNY DALGLISH
# RAFAEL BENITEZ
# ROY HODGSON
# ROY EVANS
# BRENDAN RODGERS
# RONNIE MORAN

```
O G U Q W T F Y J P D C J F S B R M R W
R E H M X G C N D X M Z Z Z P B A G Q B
U R M V U M U T P J I S J G H A F I T R
Y A Z Z S Q A U F C H J X Z G A A W T E
U R J U R G E N K L O P P Y M I E G T N
V D V F L F O M X A F P E D H J L S N D
J H S S Y M X D B Z C P L V F J B K L A
F O B M R R R S S E O J C J X E Q R N
D U N K T U D Q O U T U M A J W N A O R
E L R S D W D D Y O Q A T V F I I N O
H I H Q K A H X H B H I F I T Q T F N D
G E M T L M I V M G E O D Y T X E R I G
V R R N M H O L E K N I D V U F Z G E E
P X I O L Z A M E P R W F G T G K I M R
Q I G A H J S P Y Z R B P A S A C I O S
Q B W O O J C R V W U A C W V O F H R H
P R O Y E V A N S I I D K N R X N B A T
E X W B I R G A P M M Q E P M M N O N Y
D K E N N Y D A L G L I S H T S P C K T
G R A E M E S O U N E S S O A Z J U K R
```

# LIVERPOOL F.C. WOMEN
# (2018)

KIRSTY LINNETT
JESS CLARKE
RHIANNON ROBERTS
ANKE PEUB
AMY RODGERS
CHRISTIE MURRAY
NIAMH CHARLES
LEANDRA LITTLE
YANA DANIELS
FRAN KITCHING
LEIGHANNE ROBE
NIAMH FAHEY
LAURA COOMBS
RINSOLA
ASHLEY HODSON
COURTNEY SWEETMAN
SATARA MURRAY
JASMINE MATTHEWS
SOPHIE BRADLEY

```
W N I A M H C H A R L E S S Y X L P C A
W E F O B X F C E R Q G G A B R E Z T U
V F G N O L R Z Y N R M R L P Q I C H K
W G J B I D B T A W N K T S B K G O V Y
B Y W Y R N Q Q N H W E G Q V I H U N K
A S J T J C V R A J P X T N U W A R B I
C D E I N O O X D O Q U N S X I N T W R
O T Z K R L X I A P G U P W Z Y N N L S
G R J S N X O P N F E A F D P P E E A T
T F B H J A Q G I C U L A I R Q R Y U Y
B E B I J H Z J E L W E T S T Q O S R L
V J G I U H A Z L W U L A Y I S B W A I
E D V E J W M A S A Z Q S E B V E E C N
R I N S O L A C G R V P V Q Q V E O N
B F C X F O A P P V I M Z P Z R M T O E
E W J A S M I N E M A T T H E W S M M T
V J H N L K X A E U T S Y F S C E A B T
R S D M H U T A U R L D C H I M O N S X
B E Z N L E A N D R A L I T T L E G E K
G N A E O K S A T A R A M U R R A Y J G
```

# PLAYER on LOAN
# (2018)

TAIWO AWONIYL
ALLAN
BEN WOODBURN
DANNY INGS
CONNOR RANDALL
ADAM BOGDAN
OVIE EJARIA
SHEYL OJO
LORIS KARIUS
MARKO GRUJIC
RYAN KENT
HARRY WILSON

| | | | | | | | | | | | | | | | | | | | |
|---|---|---|---|---|---|---|---|---|---|---|---|---|---|---|---|---|---|---|---|
| I | E | L | B | C | L | F | D | Y | G | I | B | T | U | Q | B | F | T | M | H |
| B | C | O | H | A | R | R | Y | W | I | L | S | O | N | O | P | E | D | Q | E |
| J | Z | R | A | I | Y | S | R | B | O | G | M | F | A | W | F | O | U | O | K |
| K | B | I | P | G | C | L | W | I | M | W | J | V | M | R | X | U | F | Z | U |
| Z | L | S | G | U | K | O | E | Y | E | V | C | X | A | M | V | T | P | G | O |
| J | U | K | A | B | U | Y | R | Q | V | Y | O | Z | R | Q | L | C | F | X | V |
| R | B | A | G | Q | V | T | K | N | P | N | N | T | K | I | S | X | A | Y | I |
| I | G | R | A | C | E | F | E | C | M | R | N | B | O | V | W | Q | V | O | E |
| H | M | I | X | N | W | U | N | J | J | U | O | S | G | D | Q | F | X | D | E |
| B | O | U | B | X | D | P | U | O | W | A | R | F | R | G | Y | V | B | L | J |
| R | U | S | H | E | Y | L | O | J | O | X | R | M | U | G | T | X | Z | A | A |
| G | G | E | A | B | O | X | F | R | H | J | A | M | J | K | L | N | Z | A | R |
| R | Y | A | N | K | E | N | T | A | T | N | N | M | I | E | D | L | I | U | I |
| I | H | L | D | L | G | I | N | B | I | C | D | X | C | N | V | Y | H | E | A |
| Y | V | K | K | K | D | C | W | L | F | U | A | V | F | H | K | A | E | F | T |
| C | I | Y | G | S | N | T | S | E | N | V | L | V | T | I | V | F | U | C | R |
| N | D | D | A | N | N | Y | I | N | G | S | L | A | S | V | A | N | C | Y | T |
| N | E | T | L | N | L | Z | V | C | H | P | B | M | I | E | V | G | N | T | Z |
| Q | G | W | K | N | Q | B | E | N | W | O | O | D | B | U | R | N | E | X | O |
| H | Q | I | H | L | Q | Q | H | D | K | N | O | E | A | L | L | A | N | V | M |

LIVERPOOL FC

CATRINDESIGNER

# PLAYER OF THE SEASON
## (2001-2018)

SADIO MANE
SAMI HYYPIA
LUIS SUAREZ
LUCAS LEIVA
PEPE REINA
JAMIE CARRAGHER
MARTIN SKRTEL
PHILIPPE COUNTINHO
STEVEN GERRARD
MOHAMED SALAH
DANNY MURPHY
FERNANDO TORRES

```
X H D B T B B M C Q B U E O L I W C D S
L A M O H A M E D S A L A H V D A I X A
Y N O C N E S W L Z Y F K N Z A W R R M
I L I Y W B Z U J K W E G F B N F M K I
A R K H P O G O D C X R B C C N W A F H
A R C H I T S G N E R N Q Q Z Y J R E Y
H S T E V E N G E R R A R D G M J T R Y
R L E S G Y Y G F A L N G Y F U F I C P
U U C U O V M I R L C D G U U R I N D I
I F Q I B T C E Y Z W O O X C P B S H A
A X I T J E T M B F H T Z F T H R K S N
P H G S O E S H Z T K O L U O Y Q R P I
A Y Q W F R E H K R H R U W J Y A T O X
O J X B P W S D C I J R J W K S J E I A
P E P E R E I N A R N E I C P O V L D V
Z X O G O U S L U C A S L E I V A F S M
Y Z D Q D P Y J D T L E K N J J X D L V
C L U I S S U A R E Z D J D G B F W E N
D J A M I E C A R R A G H E R P J X G V
U S Z X F V U D K K V P J L J Y H S N F
```

# PLAYER OF THE YEAR

## TRENT ALEXANDER ARNOLD

## HARRY WILSON

## JOAO CARLOS

## BRAD SMITH

## JORDAN ROSSITER

```
J I U D L N U Z J J C P K M R S S T H A
Q O T Q F U T D V R S E H K I K L R P X
C U R B O E M Z N A D Y P V G G C E M T
M C P D J E L G S Z B A P V W C G N Y J
Y F W T A X V O S M Q M L P K V B T H L
F T Y K G N L T W U P N G K E R T A Y U
X G N B T R R K Q J A R S B U B R L T V
Z C U C L E R O N C N W N O Y M M E M O
I Y B M R U V T S R K T T C F E H X E T
X M W S X M Z H P S R F I I A C A A F O
Q L U E Z Z Q F U Y I F R J F U R N C N
W S Z O I T M E Q S B T N E A Z R D L F
I P F T H X Q Q Z V X U E I J V Y E J Z
Q J V J N C H X N I Z B Z R N S W R C O
K V B U B U B R A D S M I T H P I A V O
V R D I Z I K C W I V O V G X L L R E I
Y S K T Q O U L W J Q N E T L E S N R U
S S N Y E P Z Q I X F R T T V Y O O J Q
E T J O A O C A R L O S F I M Q N L C D
O V U N W Y G P R K I W N N X U Z D J N
```

# SUPPORT STAFF #1

**MARK MORRIS**
**TIM JENKINS**
**DAVE MOSS**
**ALEX INGLETHORPE**
**NICK MARSHALL**
**ANDREW POWLESLAND**
**NEIL CRITCHLEY**
**ANDY OBOYLE**
**PAUL KELLY**
**ANDY RENSHAW**
**MIKE GARRITY**
**PHIL ROSCOE**

```
U P H I L R O S C O E T R T P A F L W A
C X Q G P K D Z U U N I Z R A O J X D F
G R W Y A Z E V O V I M N A U Y C R Z J
Z O G X I P T U N W I J N N L N J E N K
Q G B D Z B V T Z C V E W K K I K L E T
D T V X K Y P I D B Q N A Z E B S N I N
Z Q B X V N G I B P O K Q P L Y D Z L I
B C Y T O Y M X M Y S I R E L D P E C C
P J V V F E Y Y K L R N D B Y G V P R K
O D Y C M S P C S C E S L W A W H V I M
Q R A N D R E W P O W L E S L A N D T A
H W L K L Q H Y E W C X H E F S D K C R
A L E X I N G L E T H O R P E L V H H S
I X B A F O U J I T J G Y P H O C I L H
S E Z W P D U N J H D S I D K L Z N E A
E D T Y O M I K E G A R R I T Y M T Y L
A W A B V F K X K S O C J U O S K F G L
Q N G Z W F H W A N D Y O B O Y L E M T
W R B T D S Y U A R X B K L U R J Q F U
Z G N A V L H A N D Y R E N S H A W J L
```

# SUPPORT STAFF #2

MATTHEW NEWBERRY
OLIVER MORGAN
IAN BARRIGAN
BARRY LEWTAS
BRAD WALL
NEIL EDWARDS
ANTHONY RYAN
JOE LEWIS
MICHAEL YATES
LIAM KERSHAW
SCOTT MASON

```
W  O  D  L  A  L  I  Q  K  E  I  N  J  Z  R  O  J  V  X  Q
V  H  L  R  W  C  Q  X  I  B  Y  L  F  V  R  A  S  D  L  K
W  J  U  I  D  W  P  N  P  Y  A  U  V  Z  E  N  C  P  K  X
W  F  A  O  V  V  U  D  T  T  M  R  P  I  Q  T  O  L  J  A
F  M  I  U  Z  E  J  L  U  D  J  T  U  M  T  H  B  B  I  S
C  B  U  N  V  R  R  K  X  P  O  K  S  A  V  O  G  A  O  C
L  S  H  K  J  T  J  M  O  G  Y  F  B  T  N  N  I  R  A  O
K  Z  F  Q  I  I  I  U  O  O  W  E  V  T  R  Y  L  R  M  T
C  O  O  S  X  F  Z  P  T  R  X  N  B  H  G  R  Y  Y  H  T
V  F  B  Y  I  J  F  N  R  A  G  Y  R  E  N  Y  J  L  U  M
M  F  S  U  S  A  X  V  L  T  X  A  V  W  S  A  P  E  J  A
F  H  Q  G  T  K  A  B  N  R  F  K  N  N  T  N  J  W  N  S
V  N  P  G  W  W  P  D  M  K  B  A  E  E  C  U  O  T  R  O
A  A  N  E  I  L  E  D  W  A  R  D  S  W  E  C  E  A  Q  N
X  G  W  E  Q  H  T  G  K  C  E  Z  B  F  Y  L  S  C  J
K  W  P  N  K  U  S  I  R  B  G  E  M  E  R  J  E  V  C  Q
H  J  D  A  P  Q  K  X  F  Q  K  M  C  R  Q  P  W  J  L  J
M  I  C  H  A  E  L  Y  A  T  E  S  S  R  T  Y  I  Y  M  K
L  I  A  M  K  E  R  S  H  A  W  I  J  Y  F  Y  S  N  A  U
M  J  P  X  M  E  Q  Y  Y  W  U  B  R  A  D  W  A  L  L  W
```

# MAIN PLAYER #1

## JAMES MILNER
## VIRGIL VAN DIJK
## FABINHO
## ROBERTO FIRMINO
## DEJAN LOVREN
## NABY KEITA
## SADIO MANE
## MOHAMED SALAH
## GEORGINIO WIJNALDUM
## NATHANIEL CLYNE

N D B R P K S U A O I U H X K G Q E A B
M A H R D I Q I W I D Q G I I E B F I U
N E B N P Q T D Y P E U P J O O H Z E X
Q A M Y A E Z M L X J T H O C R V P M F
D G T X K R B V C M A R E I O G I I O D
C H P H M E A L O W N H V D K I R X H D
Y N M F A Z I A G U L V T D S N G T A T
Y S G S U N V T X L O E V I H I I L M Y
M W P Y Q O I W A G V F S T M O L C E G
A C A G S F H E M Q R R Y M K W V W D V
N L E A L A I G L R E O O Y M I A D S A
F D K Z O T K W T C N W A E F J N V A M
T Z S Y L D P Y E V L C Z J A N D T L I
A H Y X Z A U Z N R D Y A K B A I O A T
R O B E R T O F I R M I N O I L J X H S
K V Y U M T A B K L T U M E N D K C F Y
X B T N W F X Z Y Y F J U P H U D R Y E
S A D I O M A N E L T X B W O M S C H M
N B E Z J A M E S M I L N E R S N A N F
H A P S T O K I H I R J T E D I Z O J K

# MAIN PLAYER #2

**ALEX OXLADE**
**SIMON MIGNOLET**
**XHERDAN SHAQIRI**
**ADAM LALLANA**
**HENDERSON**
**JOE GOMEZ**
**RHIAN BREWSTER**
**ALBERTO MORENO**
**DANIEL STURRIDGE**
**ALISSON JORDAN**

| | | | | | | | | | | | | | | | | | | | |
|---|---|---|---|---|---|---|---|---|---|---|---|---|---|---|---|---|---|---|---|
| U | M | Q | S | I | M | O | N | M | I | G | N | O | L | E | T | W | S | N | M |
| S | I | M | S | O | B | L | J | C | V | Q | S | A | A | N | D | B | N | Y | Y |
| B | P | S | E | D | X | E | O | S | P | V | Q | C | L | P | O | D | Q | Y | E |
| K | G | N | U | H | F | P | E | N | N | L | L | V | B | K | V | L | X | A | A |
| C | B | B | V | C | I | T | G | K | X | D | A | R | E | P | G | R | H | V | L |
| B | B | V | C | X | Z | M | O | P | X | W | T | A | R | B | R | D | E | D | E |
| P | K | U | M | Z | R | L | M | F | X | E | Z | J | T | V | H | D | R | G | X |
| A | F | W | U | F | P | O | E | F | J | C | V | P | O | D | I | X | D | C | O |
| V | A | B | L | K | F | M | Z | Y | Y | X | T | N | M | N | A | V | A | L | X |
| A | L | I | S | S | O | N | J | O | R | D | A | N | O | E | N | Y | N | R | L |
| R | B | T | W | E | W | E | J | K | V | X | L | J | R | M | B | P | S | Z | A |
| Y | N | V | N | L | R | X | N | E | D | Y | T | A | E | A | R | J | H | A | D |
| U | R | T | S | M | M | S | C | E | V | J | I | V | N | I | E | O | A | P | E |
| K | A | M | M | E | P | Z | K | L | C | L | Y | X | O | Q | W | V | Q | T | L |
| V | L | R | S | X | R | A | B | Q | J | D | F | O | B | E | S | M | I | T | B |
| Y | J | S | N | A | H | E | N | D | E | R | S | O | N | G | T | U | R | H | D |
| B | O | H | Y | M | U | J | T | B | N | V | C | Y | K | P | E | T | I | F | J |
| Z | I | W | E | H | P | G | J | Q | Y | I | X | S | J | X | R | B | W | Y | N |
| Q | D | A | N | I | E | L | S | T | U | R | R | I | D | G | E | Y | C | O | L |
| A | D | A | M | L | A | L | L | A | N | A | D | D | V | G | Y | O | H | V | P |

# main PLAYER #3

**TRENT ALEXANDER**
**KAMIL GRABARA**
**LAZAR MARKOVIC**
**JOEL MATIP**
**ANDREW ROBERTSON**
**DOMINIC SOLANKE**
**NATHANIEL PHILLIPS**
**PEDRO CHIRIVELLA**
**RAFAEL CAMACHO**
**CAOIMHIN KELLEHER**
**CURTIS JONES**
**DIVOCK ORIGI**

```
T  C  I  F  M  N  Y  C  H  C  N  L  Z  G  P  D  R  Z  K  L
T  U  C  A  O  I  M  H  I  N  K  E  L  L  E  H  E  R  M  D
L  R  O  F  V  N  I  Y  I  V  U  M  D  O  M  N  N  O  Y  I
Y  T  M  P  K  W  S  I  U  S  C  C  N  O  T  L  A  D  T  V
X  I  A  C  G  X  X  Z  R  Y  V  P  M  W  V  T  T  O  R  O
I  S  L  C  M  Y  H  B  F  W  I  H  P  N  Y  Y  H  M  E  C
P  J  B  P  E  S  T  Z  K  C  G  T  A  R  W  I  A  I  N  K
X  O  N  B  O  N  R  P  X  O  P  E  S  L  J  A  N  N  T  O
V  N  C  F  T  G  H  S  S  Q  Y  Y  F  P  P  H  I  I  A  R
N  E  Q  M  S  G  D  I  Z  R  F  W  B  F  G  I  E  C  L  I
N  S  K  N  N  I  O  Q  T  O  D  O  X  R  R  T  L  S  E  G
L  P  I  N  R  Q  H  U  G  Q  X  V  F  Z  Z  C  P  O  X  I
E  N  O  L  U  U  S  I  W  U  P  T  Y  S  Z  P  H  L  A  R
P  E  D  R  O  C  H  I  R  I  V  E  L  L  A  O  I  A  N  G
Q  P  U  D  M  D  O  H  C  U  J  U  O  T  T  R  L  N  D  O
L  A  Z  A  R  M  A  R  K  O  V  I  C  S  L  R  L  K  E  J
G  X  F  E  I  S  U  H  H  Z  H  M  B  E  Y  N  I  E  R  K
U  P  D  X  I  G  U  T  I  C  J  C  U  K  H  G  P  V  A  Z
B  A  N  D  R  E  W  R  O  B  E  R  T  S  O  N  S  D  M  K
P  J  O  E  L  M  A  T  I  P  L  X  P  U  C  Y  N  O  A  T
```

# U18 PLAYER #1

PATRIK RALTANE
LUIS LONGSTAFF
BEN WILLIAMS
LEIGHTON CLARKSON
KI JANA HOEVER
MORGAN BOYES
NECO WILLIAMS
TOM CLAYTON
REMI SAVAGE
ELIJAH DIXON
RHYS WILLIAMS
JACK WALLS
VITEZSLAV JAROS

| | | | | | | | | | | | | | | | | | | | |
|---|---|---|---|---|---|---|---|---|---|---|---|---|---|---|---|---|---|---|---|
| X | P | Z | J | A | D | R | Q | D | H | J | X | J | B | T | T | P | N | V | L |
| U | A | A | A | I | L | R | W | V | A | G | G | M | N | O | L | X | G | U | I |
| V | T | X | C | S | E | M | O | G | K | H | E | O | F | M | E | A | E | P | K |
| G | R | F | K | N | T | H | U | S | Y | M | E | P | V | C | I | H | F | H | S |
| Y | I | R | W | Q | K | P | W | T | C | G | G | Q | I | L | G | D | X | S | H |
| U | K | L | A | Z | A | N | P | Q | S | S | C | W | D | A | H | D | P | N | O |
| O | R | E | L | X | T | I | N | Q | L | W | G | C | U | Y | T | D | N | D | Q |
| S | A | R | L | T | H | H | Y | Y | I | O | W | L | F | T | O | K | N | D | O |
| X | L | F | S | V | B | W | Q | V | Z | B | K | U | P | O | N | L | E | J | E |
| I | T | V | C | T | C | A | L | I | F | E | J | F | J | N | C | S | C | C | L |
| U | A | Y | W | B | E | N | W | I | L | L | I | A | M | S | L | L | O | G | I |
| J | N | O | Q | W | I | W | E | K | N | C | G | O | S | C | A | L | W | R | J |
| A | E | Z | G | Y | E | D | K | L | Q | N | N | H | H | Z | R | J | I | T | A |
| E | E | Q | N | B | B | E | X | O | G | L | B | T | I | U | F | C | L | O | H |
| D | X | O | S | L | T | K | H | J | S | E | E | D | Y | E | S | X | L | A | D |
| R | K | I | J | A | N | A | H | O | E | V | E | R | S | Z | O | R | I | J | I |
| W | Q | W | S | X | Z | P | V | E | V | L | O | N | Z | J | N | B | A | V | X |
| R | Q | O | L | H | V | Z | Z | S | U | J | A | S | A | G | S | Z | M | M | O |
| W | N | L | U | I | S | L | O | N | G | S | T | A | F | F | I | A | S | Y | N |
| R | F | E | Z | E | V | I | T | E | Z | S | L | A | V | J | A | R | O | S | Y |

# U18 PLAYER #2

PAUL GLATZEL
DANIEL GRIFFITHS
BOBBY DUNCAN
DAL VARESANOVIC
JAKE CAIN
YASSER LAROUCI
ALEX TURNER
NIALL BROOKWELL
ABDI SHARIF
JACK BEARNE
EDVARD TAGSETH
MATTEO RITACCIO
FIDEL OROURKE

```
J Y J N W G F G O U L Y K G N X S G E F
J A X M C H R B U O R A C C P I M G S P
A Y C G S N Y H G B U S W F O C T X X A
K F S K E O G Q W H A S T K S H B D U U
E N F Q B P V F S E Q E W S N E C A Q L
C X M K C E N O N G C R T O I O V L E G
A B B X W Q A J V C O L P K A E G V L L
I S W O W K X R B P R A L J L Z W A R A
N N C A B M X X N W X R D P L K X R H T
J P P L C B U P M E K O J E B G M E X Z
J F J P C M Y O S U K U R V R B N S P E
S D B K S V I D E W V C N M O N D A H L
E R S P H Q I R U F G I U S O Q O N Q Y
H H V H M V V S O N F C U X P A O J F
J V Q J D B O H K R C X M U W O H V R Y
N M Z H J K W Y P X W A O U E C W I D C
M J G P T N R Y R Q F L N X L V O C W A
F I D E L O R O U R K E X N L W J V Y M
N R M A T T E O R I T A C C I O T T F O
L E A L E X T U R N E R M R Z W K C R L
```

# U23 PLAYER (2018)

LIAM COYLE
JUANMA
BOBBY ADEKANYE
CONOR MASTERSON
MATHEW VIRTUE
GLEN MCAULEY
TONY GALLACHER
ISAAC CHRISTIE
GEORGE JOHNSTON
DANIEL ATHERTON
KAI MCKENZIE
LIAM MILIAR
ADAM LEWIS

```
K Z G Z F G G J B I T R D Q R L J C D K
I A E E B G L I K B N V T U W V M Q A A
W D B F O R U E A Y X W D U M W O E N I
V A V Z B R V V N T J U A N M A Y F I M
O M G T I F G T P M T J P L T J W R E C
H L A K G U R E K D C N K I W C S Z L K
V E W V H T F C J P C A U K U O X U A E
T W M K M J Y B C O E K U G T P S M T N
P I N Y Q H E G B A H O X L J M Z K H Z
V S U B V S Q H E W U N M K E D V E E I
Y J G T F I O E D I X N S C Z Y F N R E
H M J H K D L R T J M P I T H L G N T U
A O P F V J D S P L C D M V O Q A S O X
J L I A M C O Y L E W S L J Z D Q N D
I S A A C C H R I S T I E L U R D L H N
K Z C L F E D V P K K P O Q F P W T Y X
F U J A B G D T T O V A I D L W I F H G
X K N C P T O N Y G A L L A C H E R S L
L O O D T C S N K T R B W D J C G E F Y
B O B B Y A D E K A N Y E S P Q P O I U
```

Made in the USA
Middletown, DE
17 November 2019